Milet Picture Dictionary

English·Arabic

Milet Publishing
Smallfields Cottage, Cox Green
Rudgwick, Horsham, West Sussex
RH12 3DE England
info@milet.com
www.milet.com
www.milet.co.uk

First published by Milet Publishing Ltd in 2003

Text © Sedat Turhan 2003
Illustrations © Sally Hagin 2003
© Milet Publishing 2013

ISBN 9781840593488

Printed and bound in China by 1010 Printing International Ltd, April 2016.

Milet
Picture
Dictionary
English·Arabic

Text by **Sedat Turhan**

Illustrations by **Sally Hagin**

COLOURS/COLORS

أَلوَان

red
أَحْمَر

orange
بُرْتُقَالِيّ

yellow
أَصْفَر

green
أَخْضَر

blue
أَزْرَق

purple
أُرْجُوَان

grey
رَمَادِيّ

pink
وَرْدِيّ

black
أَسْوَد

white
أَبْيَض

PLANTS
النَّبَاتَات

tree
الشَّجَرَة

orchid
السَّحْلَبِيَّةِ

rose
الوَرْدَة

sunflower
عَبَّادُ الشَّمْسِ

tulip
التُّوْلِيْب / الخُزَامَى

daisy
الأُقْحُوَان

grass
العُشْب

lily
الزَّنْبَق

branch
الأُمْلُوْد / الغُصَيْن

leaf
الورَقَة

daffodil
النَرْجِسُ البَرِّيُ

watering can
دُلْوالسَّقْيِ

cactus
الصبَّار

plant pot
حَاوِيةُ النبْتَة

FRUIT
الثِّمَار

kiwi
الْكِيوِي

cherry
الْكَرَز

pear
الْكُمَّثْرَى

apricot
الْمُشْمُش

fig
التِّيْنَة

peach
الدُرَّاقَة / الخَوْخَة

strawberry
الفَراولَة / الفْريز

banana
المَوْزَة

mango
المَانْجَة

orange
الْبُرْتُقال

apple
التُّفَّاحَة

lemon
اللَّيْمُوْن

blueberry
الْعَنَاب

avocado
الأفُوْكادو

grapes
الْعِنَب

raspberry
تُوتُ الْعُلَّيْقِ

grapefruit
فَاكِهَةُ الْكْرِيب

pineapple
الأَنَانَاس

ANIMALS

الْحَيَوَانَات

lion

الأَسَد

zebra

الحِمَارُ الْوَحْشِيُّ

tiger

النَّمْر

giraffe

الزَّرَافَة

elephant

الفِيْل

penguin
البَطْرِيق

duck
البَطَّة

polar bear
الدُبُّ القُطْبِيُّ

cow
البَقَرَة

rooster
الدِّيْك

goat
العَنْزَة

sheep
الغَنَم / الخَرَوف

horse
الحِصَان

ANIMALS & INSECTS
الْحَيَوَانَات وَالْحَشَرَات

dog
الكَلْب

cat
القِطَّة

bird
الطَّيْر

rabbit
الأَرْنَب

frog
الضِّفْدَع

crab
أَبُو الجُنَيْبِ

fly
الذُّبَابَة

ant
النَّمْلَة

butterfly
الفَرَاشَة

spider
العَنْكَبُوت

bee
النَّحْلَة

turtle
السُّلْحُفَاة

snake
الأَفْعَى

fish
السَّمَكَة

mouse
الفَأر

HUMAN BODY
الجِسْمُ الإِنْسَانِيُّ

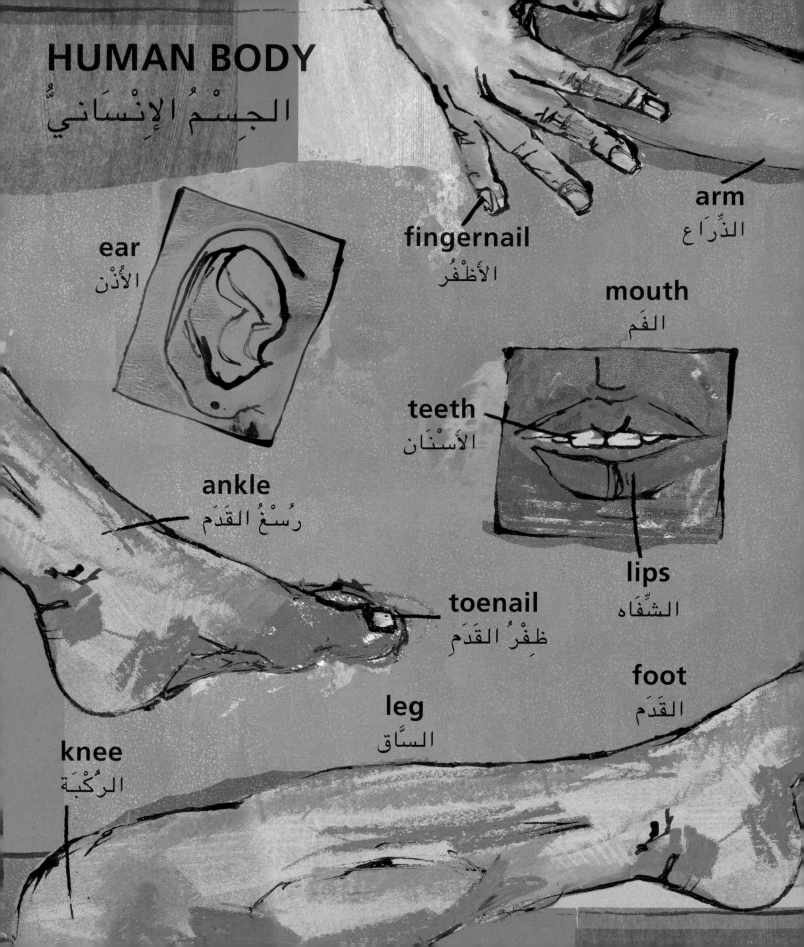

arm
الذِّرَاع

fingernail
الأَظْفُر

ear
الأُذْن

mouth
الفَم

teeth
الأَسْنَان

ankle
رُسْغُ القَدَم

lips
الشِّفَاه

toenail
ظِفْرُ القَدَمِ

foot
القَدَم

leg
السَّاق

knee
الرُّكْبَة

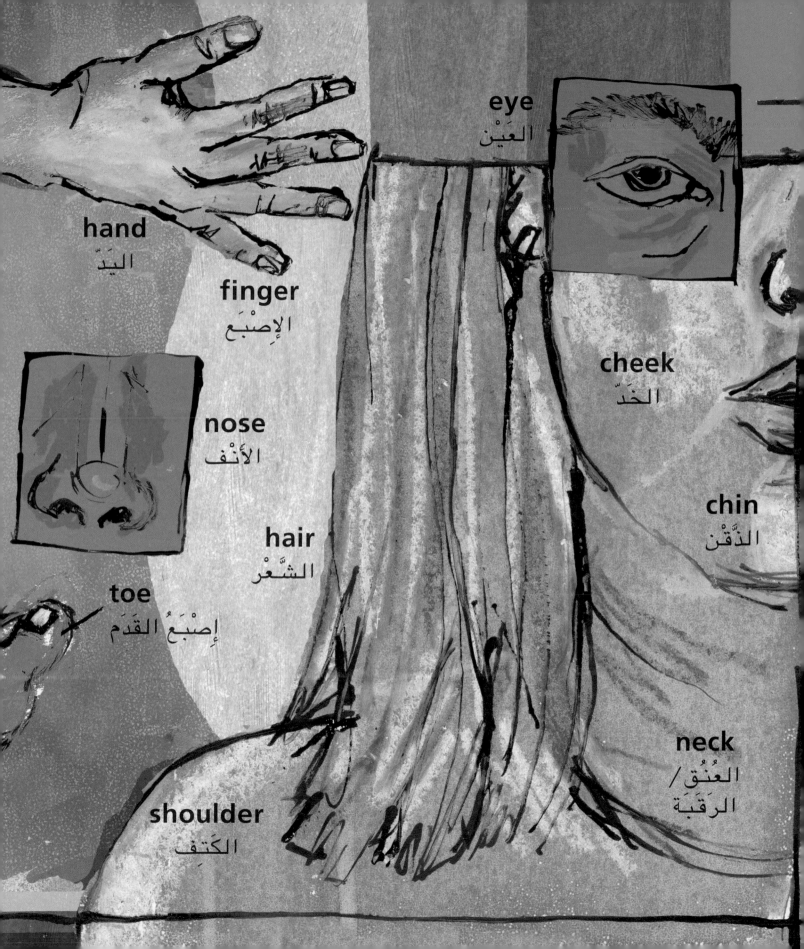

hand
اليَدّ

finger
الإِصْبَع

nose
الأنْف

hair
الشَّعْر

toe
إِصْبَعُ القَدَم

shoulder
الكَتِف

eye
العَيْن

cheek
الخَدّ

chin
الذَّقْن

neck
العُنْق /
الرَقَبَة

HOUSE & LIVING ROOM

البَيْتُ وَغُرْفَةُ الجُلُوس

roof
السَّقْف

chimney
المدْخَنَة

house
المَنْزِل

door
البَاب

armchair
كُرْسِيُّ المِسْنَد

key
المِفْتَاح

candle
الشَّمْعَة

light bulb
المِصْبَاح

picture
الصُّورَة

cabinet
دُرْجُ الخِزَانَة

bookshelf
رَفُّ الكُتُبِ

window
النَّافِذَة

curtain
السِتَارَة

vase
الزَّهْرِيَّة/المَزْهَرِيَّة

sofa
الصُّوفَا

lamp
القِنْدِيْل

side table
الطَاولَةُ الجَانِبِيَّة

KITCHEN
الـمَطْبَخ

bowl
الطّاسْ

glass
القَدَح

refrigerator
الثَّلّاجَة

plate
الصَّحْن

napkin
الْمِنْدِيْل

teapot
إِبْرِيْقُ الشَّاي

cup
الكَأس

table
المِنْضَدَة

chair
الكُرْسِيّ

spoon
الْمِلْعَقَة

frying pan
المِقْلاة

knife
السِّكِّين

fork
الشَّوَكَة

saucepan
القَدْر

oven mitt
قَفَّازُ الفُرْن

dishcloth
قِماشَةُ مَسْحِ الصُّحُون

toaster
مِحْمَصَةُ اَلخُبْزِ

stove
المَوقِد

sink
المِغْسَلَة

oven
الفُرْن

VEGETABLES

الخُضَار

potato

البَطَاطَة

mushroom

الفِطر

green bean

الفَاصُولِيَّةُ الخَضْرَاء

asparagus

الهِليُون

carrot

الجَزَر

onion

البَصَل

pumpkin

القَرْعَة

peas

البَازِلَّاء

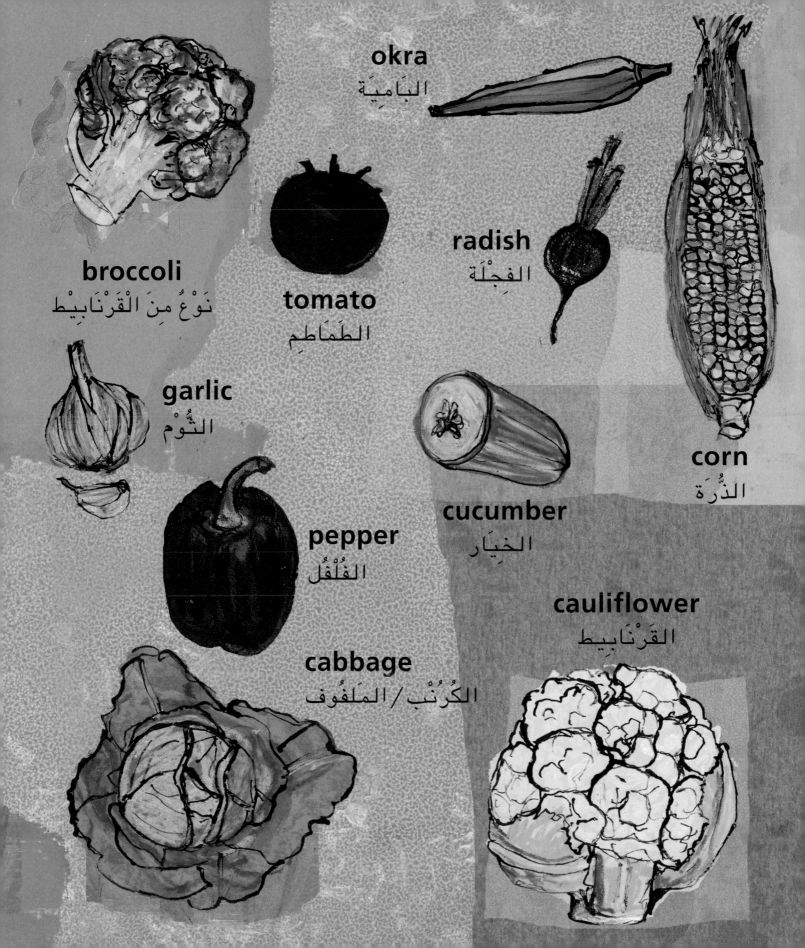

okra
البَامِيَة

broccoli
نَوْعٌ مِنَ الْقَرْنَابِيْط

tomato
الطَمَاطِم

radish
الفِجْلَة

garlic
الثُّوْم

corn
الذُّرَة

pepper
الفُلْفُل

cucumber
الخِيَار

cauliflower
القَرْنَابِيط

cabbage
الكُرُنْب/المَلفُوف

FOOD
الأَطْـعِـمَـة

sandwich
السَّنْدَوِيتْش

bread
الخُبْز

cheese
الجُبْن

milk
الحَلِيْب

butter
الزُّبْدَة

jam
المُرَبَّى

honey
العَسَل

egg
البَيْضَة

cereal
الحُبُوْب

raisins
الزَّبِيْب

oil
الزَّيْت/الدُهْن

fries
البَطَاطِس المَقْليَّة

spaghetti
المَعْكَرُونَة

fruit juice
عَصِيرُ الفَوَاكِه

chocolate
الشُّوكُولَاته

cake
الكَعْكَة

ice cream
البُوظَا/الآيس كرِيم

BATHROOM
الحَمَّام

mirror
المِرْآة

towel
المِنْشَفَة

sink
حَوْضُ الغَسِيلِ

toilet paper
وَرَقَةُ المِرْحَاض

toilet
المِرْحَاض

bathroom cabinet
كَابِيْنَةُ الحَمَّام

potty
القَعَادَة

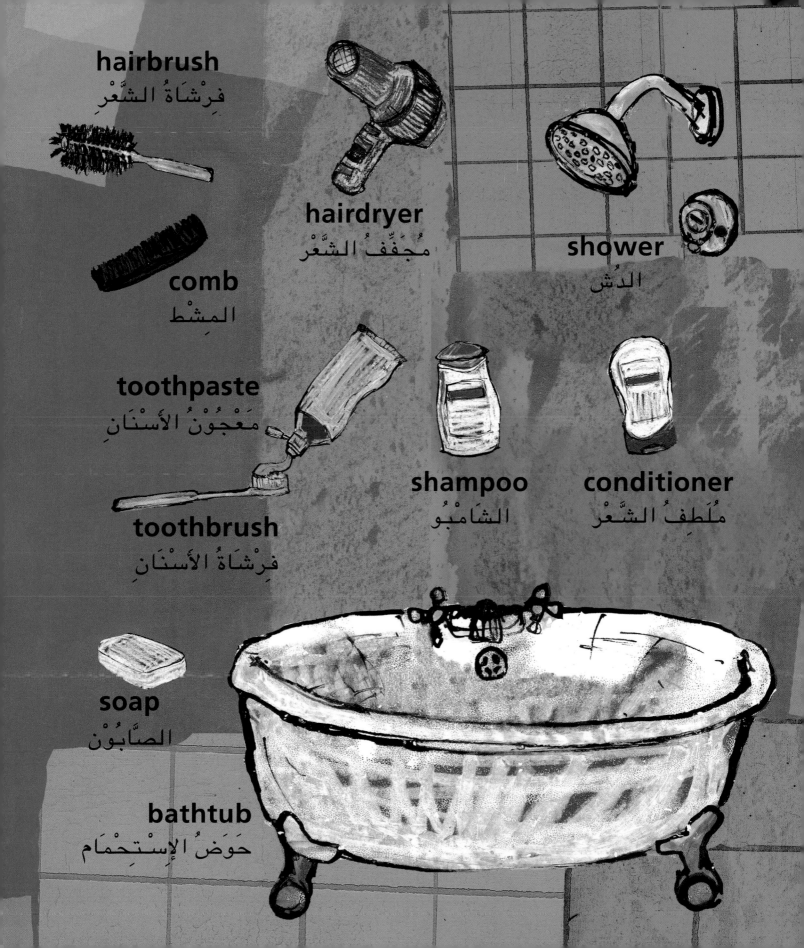

hairbrush
فِرْشَاةُ الشَّعْرِ

hairdryer
مُجَفِّفُ الشَّعْرِ

shower
الدُشّ

comb
المِشْط

toothpaste
مَعْجُوْنُ الأَسْنَانِ

shampoo
الشَامْبُو

conditioner
مُلَطِفُ الشَّعْرِ

toothbrush
فِرْشَاةُ الأَسْنَانِ

soap
الصَّابُوْن

bathtub
حَوَضُ الإِسْتِحْمَام

BEDROOM
غُرْفَةُ النُّوْم

bed
السَّرِيْر

alarm clock
السَّاعَةُ المُنَبِّهَةُ

bedside table
المِنْضَدَة ُالجَانِبيَّةُ

hanger
المُعَلَّق

rug
السِجَّادَة/البِسَاط

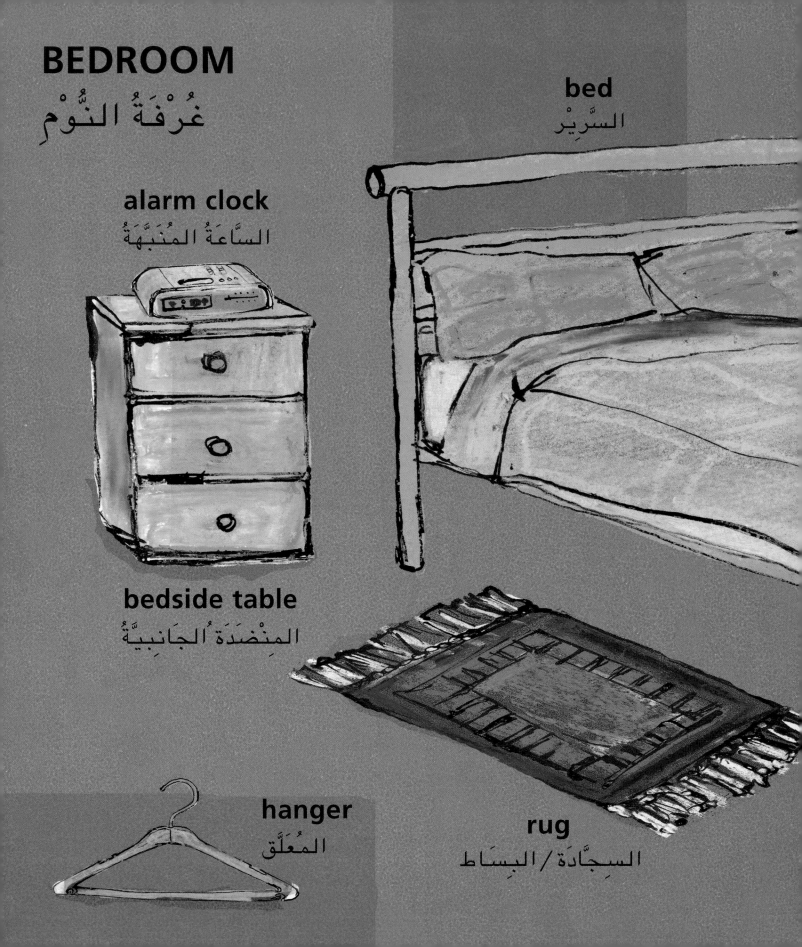

wardrobe
الخِزَانَة

pillow
الوِسَادَة

bed cover
غِطَاءُ الفِرَاش

sheet
الشَّرْشَف

blanket
البَطَّانِيّة

CLOTHING

المَلابِسِ

umbrella
الشَّمْسِيَّة

gloves
القُفَّاز

button
الزِّر

glasses
نَظَّارَات

boxer shorts
السِرْوَالُ الدَاخِلِيُّ

T-shirt
قَمِيْصُ تي-شيرت

underpants
مَلاَبِسُ دَاخِلِيَّةٌ

hat
القُبَّعَة

jacket
السِّتْرَة

sweater
البْلوزَة

slippers
النِّعَال

scarf
اللِفاع/الوِشَاح

backpack
حَقِيْبَةُ الظَهَرْ

skirt
التَّنُّوْرَة

shirt
القَمِيْص

handbag
حَقِيْبَةُ اليَد

socks
الجَوَارِيْب

belt
الحِزَام

jeans
بَنْطَلُون الجِينْز

shoes
الأَحْذِيَة

pyjamas
البِيْجَامَة

shorts
السِرْوَال القَصِير

COMMUNICATIONS
الإِتصَالات

telephone
الهَاتِفْ

television
التِلْفِزْيُونْ

DVD player
عَارِضُ دِي في دِي

video recorder
مُسَجِّلُ الفيدْيُو

remote control
جِهَازُ التَّحَكُّمِ عَنْ بُعْدٍ

stereo
السْتِريو:
جِهازُ
المَوسِيقى

video camera
كَامِيرَةُ فِيدْيُو

camera
الكَامِيرة

TOOLS
الأَدَوات

screwdriver
المِفَكّ

saw
المِنْشَار

screw
البُرْغِي

stepladder
السُلَّم / الدَرَج

nail
المِسْمَار

drill
المِثْقَابُ
الكَهْرُبَائِيّ

hammer
المِطْرَقَة

shovel
المِجْرَفَة

vacuum cleaner
المَكْنَسَة الكَهْرَبَائِية

paint
الصِبْغ

SCHOOL & OFFICE
المَدْرَسَة والمَكْتَب

pencil
قَلَمُ الرَّصَاص

glue stick
عُودُ الصَمْغ

book
الكِتَاب

marker
قَلَمُ التَعْلِيم

stamp
الطَّابَع

ruler
المِسْطَرَة

pencil sharpener
مِبْرَاةُ قَلَمِ الرَّصَاص

pencil case
عُلْبَةُ قَلَمِ الرَّصَاص

crayon
الطَبَاشِيرُ المُلَوَّن

scissors
المِقَص

globe
الكُرَة الأَرْضِيَّة

stapler
الكَبَّاسَة

tape
الشَّرِيطُ اللاصِق

calculator
الحَاسِبَة

paints
الأَصْبَاغ

paintbrush
فُرْشَاةُ الأَصْبَاغ

pen
القَلَم

computer
الحَاسِبَة /
الكُمْبيوتَر

envelope
الظَّرْف

desk
المِنْضَدَة

notebook
دَفْتَرُ المُلاحَظَات

NUMBERS

الأَعْدَاد

one
وَاحِد

two
إِثْنَان

three
ثَلاثَة

four
أَرْبَعَة

five
خَمْسَة

six
سِتَّة

seven
سَبْعَة

eight
ثَمَانِيَة

nine
تِسْعَة

ten
عَشْر

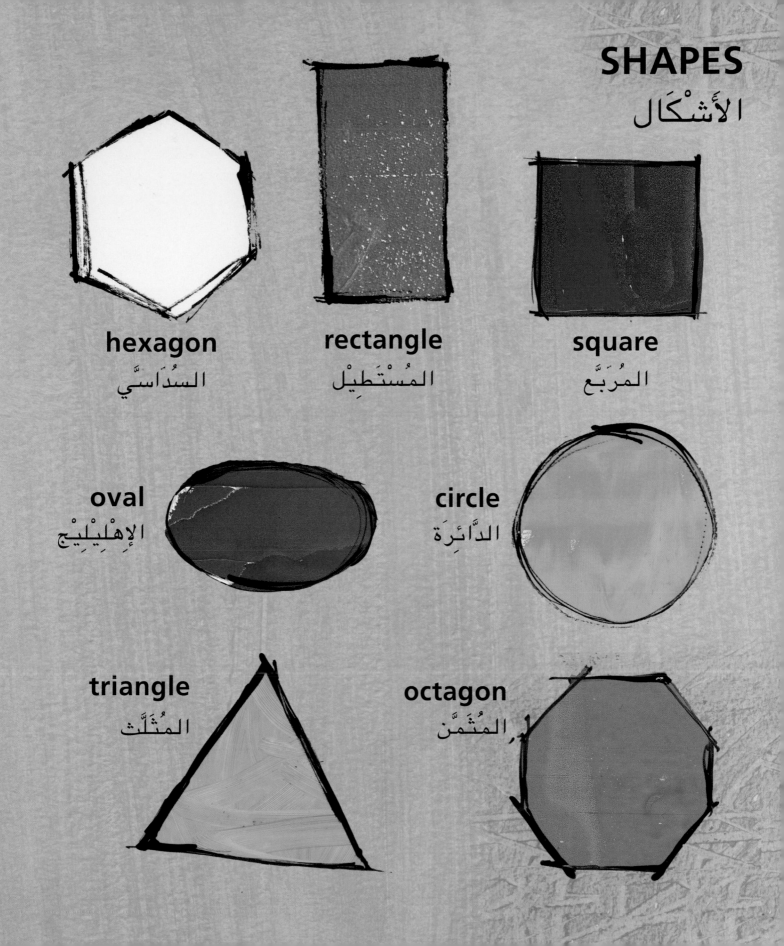

SHAPES
الأَشْكَال

hexagon
السُدَاسَّي

rectangle
المُسْتَطِيْل

square
المُرَبَّع

oval
الإِهْلِيْلِيْج

circle
الدَّائِرَة

triangle
المُثَلَّث

octagon
المُثَمَّن

MUSICAL INSTRUMENTS
آلَاتُ مُوْسِيقِيَّة

guitar
القِيْثَار

flute
المِزْمَار

violin
الكَمَان

saxophone
السَّاكسَفُون

bongos
البُونجوس /
الأَجْرَاس

clarinet
الْكْلارِينَتْ

drums
الطَّبُوْل

trumpet
البُوْق

piano
البيَانُو

xylophone
الزَّيْلَوفون

SPORTS & GAMES
الرِّياضَة وَالألعَاب

skateboard
سكاتيبوارد / لَوحُ التَزَلُّج

video games

ألعَابُ الفِيديو

cards
وَرَقُ اللَّعِبِ

**football /
soccer ball**
كُرَةُ القَدَمِ

ice skates
التَزَلُّجُ الجَلِيْدِيُّ

rollerblades
رولربليدز / زَعَانِفُ التَدحْرُجِ

skis
التَزَلُّج

baseball
البيْسْبُول

chess
الشَّطْرَنْج

glove
القُفَّاز

bat
المِضْرَب:
مِضْرَبُ كُرَةِ
البيْسْبُول

basketball
كُرَةُ السلَّة

American football
كُرَةُ القَدَمِ الأَمْرِيْكِيَّةِ

tennis ball
كُرَةُ التَنِس

tennis racket
مِضْرَب التَنِس

cricket ball
كُرَةُ الكرِكِيت

cricket bat
مِضْرَبُ الكرِكِيت

TRANSPORTATION

النَّقْلُ

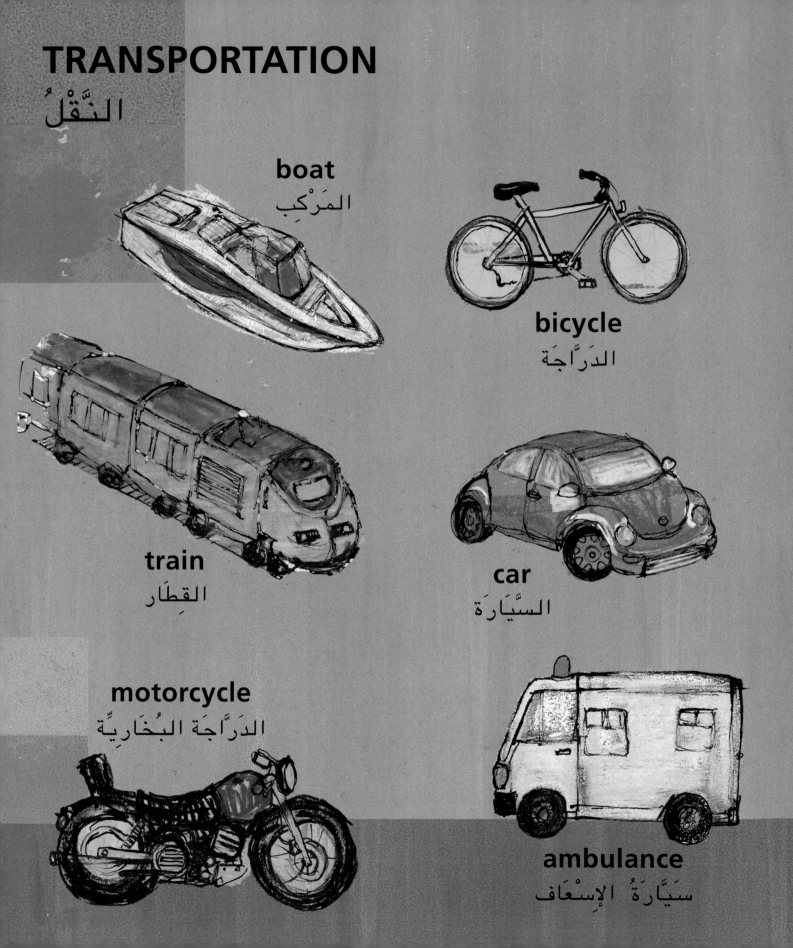

boat

المَرْكِب

bicycle

الدَرَّاجَة

train

القِطَار

car

السَّيَارَة

motorcycle

الدَرَّاجَة البُخَارِيِّة

ambulance

سَيَّارَةُ الإِسْعَاف

helicopter
الطَّائِرَة المِرْوَحِيَّة

plane
الطَّائِرَة

fire engine
سَيَّارَةُ الإِطْفَاء

bus
الحَافِلَة/البَاص

truck
سَيَّارَةُ الشَحْن

tractor
الجَرَّار

SEASIDE

شَاطِيءُ البَحْر

ball
الكُرَة

sky
السَّمَاء

beach towel
مِنْشَفَةُ شَاطِئٍ

swimsuit
لِبَاسُ السِّبَاحَة

beach bag
كِيسُ الشَّاطِئ

sunglasses
النَّظَّارَاتُ الشَّمْسِيَّةُ

sunscreen
وِقَاءُ الشَّمْس

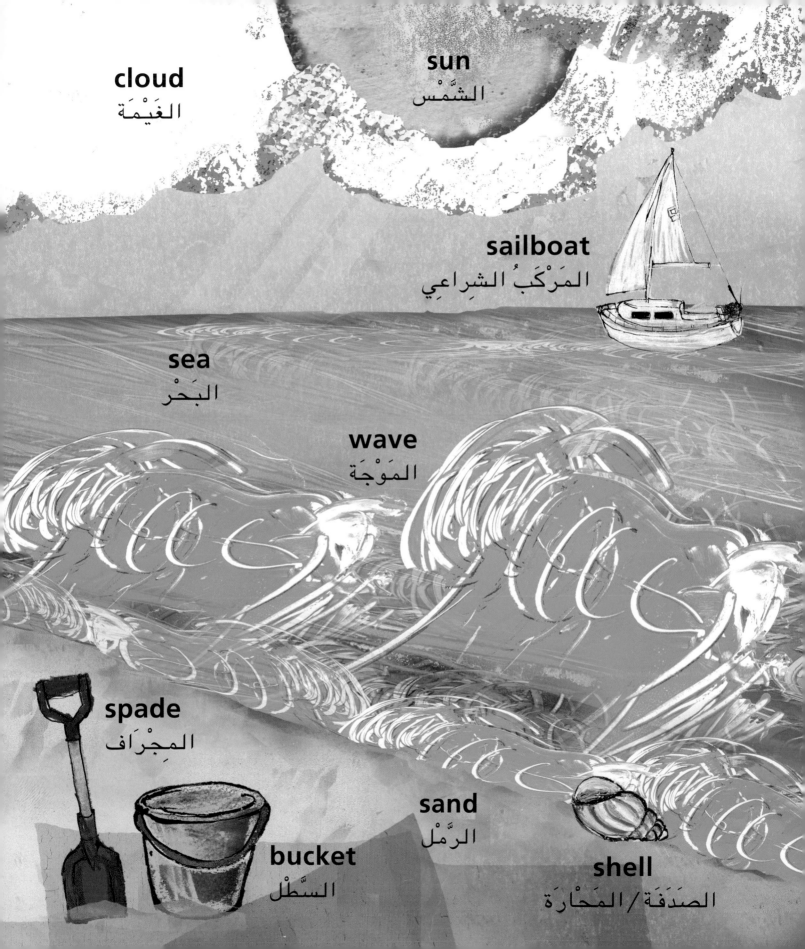

cloud
الغَيْمَة

sun
الشَّمْس

sailboat
المَرْكَبُ الشِراعِي

sea
البَحْر

wave
المَوْجَة

spade
المِجْرَاف

sand
الرَّمْل

bucket
السَّطْل

shell
الصَدَفَة / المَحْارَة